VOYAGE

PITTORESQUE ET SENTIMENTAL

A BAGNÈRES-ADOUR.

Aux Mânes

De Chapelle et de Bachaumont.

Il parut un Testament Politique, qui fit fortune. Tout le monde voulut en faire : qu'arriva-t-il ? Il n'y en eut qu'un de bon ; ce fut celui du Cardinal de Richelieu.

Vous fîtes un Voyage en vers et en prose : on en raffola ; on s'empressa de vous imiter. De là les Voyages en Provence, aux Colonies, à Verdun, Autour de ma Chambre, etc., et enfin aux Pyrénées ; c'est le mien. Pardonnez-le moi, chers Défunts, en faveur du bon accueil que vous reçûtes dans ma ville, des charmantes dames que vous y vîtes, et sur-tout de la belle Doria, que vos vers ont immortalisée. D'ailleurs mon travail ajoute encore à vos triomphes ; car il en est de votre Voyage comme du Testament du Cardinal : les imitateurs de l'un et de l'autre n'ont fait que rehausser le mérite de leur modèle.

Salut ! A.

VOYAGE

PITTORESQUE ET SENTIMENTAL

A BAGNÈRES-ADOUR,

DÉPARTEMENT DES HAUTES-PYRÉNÉES,

Par F. *Albaniac,*

Aumônier de la légion de Lot-et-Garonne.

———

A NANTES,

De l'Imprimerie de *MELLINET-MALASSIS.*

1818.

VOYAGE

PITTORESQUE ET SENTIMENTAL

A BAGNÈRES-ADOUR,

DÉPARTEMENT DES HAUTES-PYRÉNÉES.

Ego cur, acquirere pauca
Si possum, invideor... (*Hor. Art. Poët.*)

J'aime beaucoup les écrits paresseux,
    Qu'enfante une muse indolente.
Je n'écris pas pour me rendre fameux;
    Je ne veux pas même qu'on vante
    Quelques efforts assez heureux;
Mais je crayonne, et cela me contente.

Tel est mon plan. Et certes, quoique je vous aie promis, mon cher CLÉON, un récit fidèle de mon voyage à *Bagnères* et de mes courses aux environs, je serais bien capable de vous manquer de parole, si quelques momens, dont je ne sais trop que faire, ne m'eussent déterminé à vous donner ma relation ; la voici :

A mon secours, gentil *Chapelle*,
Ami *Lefranc*, cher *Bachaumont* !
Quoique sur vous je me modèle,
Je ne fais pas le rodomont.
Votre muse est trop aguerrie,
Et votre prose trop jolie,
Pour me donner la fantaisie
De faire avec vous le gascon.

Je partis d'A..., au commencement de juillet 18.., entraîné par une famille respectable, à laquelle je tiens beaucoup, composée du père, de la mère, de leur fille unique et d'une vieille demoiselle, outrée de cinquante ans de célibat. Nous étions donc cinq personnes, que le seul plaisir de voir Bagnères mit en route, tous en santé, ou à-peu-près. Pour moi, je ne m'en souciais guère : de sorte que je me trouvai empaqueté dans le fond d'un vieux carrosse, passablement dur et assez mal suspendu ; et me voilà roulant, cahoté, coignant, coigné, et arrivé meurtri, disloqué, affamé à F........, où nous fîmes un mauvais souper. Pour me refaire je ne pus rester que quatre heures au lit, grâce à l'impatience de notre postillon qui, dès deux heures du matin, fit un tapage d'enfer.

> Notre faquin de conducteur,
> Vrai démon pour ses haridelles,
> Eût pour nous le plus mauvais cœur,
> Par ses maudites kyrielles :
> *Le jour paraît ! il faut partir !*
> *N'êtes-vous pas las de dormir ?*
> Puis jurer ; puis faire vacarme ;
> Puis enfin faire claquer l'arme.....
> Dieu sait le bruyant carrillon
> Que fait l'arme d'un postillon.

Nous voilà de nouveau coffrés. Mon malheur voulut que je fusse constamment aux côtés de la vieille demoiselle, laide à faire peur et méchante d'habitude. Vous connaissez mes tantes, elles sont de sa cotterie. Quoique prédéterminé à la supporter charitablement, j'avoue que mon courage ne tint pas plus ferme que mes côtes, qu'elle vexa rudement, en me coudoyant à chaque cahot. Les angles, que les extrémités de son *humerus* et de son *cubitus* décrivaient à leur jonction, étaient si aigus, qu'un pieu fortement appuyé sur ma poitrine ne m'aurait pas causé une plus vive douleur. J'avais beau décliner son voisinage, je l'avais toujours à mes côtés, comme un mauvais génie. Enfin, n'y pouvant plus tenir, j'étais contraint de descendre, et de braver les rayons d'un soleil brûlant.

> Vous eussiez ri de nous voir :
> *Ah ! mon Dieu ! je suis suffoquée !*
> Disait notre vieille efflanquée ;
> *Je serai morte ce soir !*
> Moi, pauvre diable, tout en nage,
> Tapi dans le fond de la cage,
> Ne montrant qu'un demi corsage,
> Tant elle obstruait le passage ;
> Bouillant de chaleur et de rage,
> Tenant sans cesse mon visage
> Tourné vers l'huis, pour respirer,
> Et pour éviter quelque outrage,
> Que sa façon de soupirer
> A mon nez eût fait endurer.

C'est dans ce piteux état que j'arrivai à *Miélan*, lieu fameux par l'excellent mouton qu'on y mange. Nous n'en mangeâmes pourtant pas cette fois ; mais je me promis bien de m'en régaler au retour. En revanche, nous eûmes, dès que nous fûmes couchés , un régal d'une autre espèce. Des polissons se mirent à braire des chansons sur un faux bourdon ; mais si faux, que les chiens, les chats et les grenouilles des environs se mirent de la partie ; et moi d'enrager, et d'envoyer au diable cet infernal charivari.

Je te maudis au fond de l'ame ,
Détestable bourg de Miélan ,
Si ton mouton qu'on vante tant
Ne me force à changer de game.

La route de *Miélan* à *Rabastens* est assez pittoresque. J'y vis de superbes manoirs, de riches propriétés, d'immenses forêts, de rians et fertiles côteaux. Aux approches de *Rabastens*, nous fûmes assaillis par l'odeur archifœtide qu'exhalait un cheval mort sur le chemin, et que son conducteur avait laissé au lieu de sa chûte, arrivée depuis une quinzaine de jours. Il était près de midi, et le soleil dardant presque à-plomb, et pour la quinzième fois sur le cadavre de la bête , dans le mois de juillet, je vous laisse à penser l'infection qu'il répandait.

Nos coursiers ronflant s'arrêtèrent;
Nos nez à l'envie se bouchèrent ;
Les jurons du cocher volèrent ;
Les coups de fouets point ne manquèrent ;
Tous les flacons se débouchèrent ;
Les cris et les coups redoublèrent ;
Puis nos coursiers s'acheminèrent.

Quel alphabet de fiacre que celui de notre conducteur ! je défie qu'on jure mieux chez les damnés. Il y envoya mille fois la charogne et son maître. Il n'en fallut pas moins passer par là. La hauteur où gissait le pauvre animal, favorisait l'évaporation à tel point, que nous fûmes avertis de sa présence un gros quart-d'heure avant de le voir. Nous avions tous mal d'estomach. Arrivés à *Tarbes*, nous y commandâmes une soupe au légume d'Egypte, pour nous refaire. Elle fut si détestable, qu'il nous fut impossible d'en goûter. Nous la payâmes forcément un écu; jamais argent ne fut plus mal employé. Son odeur, pourtant, nous guérit de la première, tant elle nous rebuta.

C'est donc à Tarbes qu'on prépare
De telles soupes à l'oignon ?
Sur ma foi, c'était un bouillon
Fait pour le palais d'un Tartare.

Pendant qu'on faisait rafraîchir les chevaux, je parcourus la ville que je trouvai fort jolie et très-bien pavée. Il y règne une propreté que l'*Adour* favorise. Les habitans ont fait des coupures aux bords de cette petite rivière, dont on amène les eaux dans tous les quartiers de la ville. La rapidité et la limpidité de ces filons d'eau entretiennent une fraîcheur fort agréable dans la saison où nous nous trouvions.

C'est-là que commence l'utile et agréable théorie de l'amménagement des eaux. Ici, des moulins à scie; là, des moulins à blé; ailleurs, des papeteries, des foulons et tant d'autres usines dont l'eau devient le mobile. Tout va, tout tourne. Les irrigations des prairies; les lavoirs sans cesse renouvellés dans l'intérieur des maisons, sous lesquelles l'eau passe continuellement; la facilité qu'on a de former devant sa porte une nappe d'eau à volonté, le lavage journalier des marbres dont les ouvertures et les seuils des portes, même les couloirs des rez-de-chaussées sont construits, tout fait de *Tarbes* une des plus charmantes et des plus saines villes du midi de la France.

Tous les jeudis de quinzaine sont fameux par un grand marché qui s'y tient, et qui vaut mieux que beaucoup de foires, même renommées. Le bétail, les laines, la mercerie et la quincaillerie, sont les principaux objets du commerce qui s'y fait.

Les environs de *Tarbes* sont sujets à la grêle. Le voisinage des Pyrénées leur occasionne ce fléau ; mais, elle n'y fait pas ces ravages affreux qu'on déplore par tems chez nous. D'ailleurs, le terrain y est excellent pour le genre de culture qu'on y emploie. Les prairies et les blés d'Espagne entrent pour beaucoup dans les spéculations agricoles ; et, certes, il fait beau les voir.

Je ne sortirai point de cette ville sans vous prévenir que je me suis pourvu d'une excellente paire de rasoirs, chez le célèbre coutelier que vous m'aviez indiqué. Vous n'avez pas oublié que vous me plaisantiez, lorsqu'en me faisant la barbe, je me coupais, ce qui m'arrivait assez souvent ; vous me compariez aux *Hottentôts*, qui se tatouent ; c'est ainsi que vous appelliez les blessures que je me faisais au menton.

C'est à toi, bon Lésian-Pouzeaux,
Fameux par tes rasoirs, vanté par tes ciseaux,
Que je devrai ma barbe lisse,
Exemple, désormais, de mainte cicatrice.

Le chemin de *Tarbes* à *Bagnères – Adour*, offre une promenade prolongée, bordée des plus jolis villages, et si multipliés, qu'on croit être toujours aux environs de *Tarbes*, et qu'on ne s'aperçoit arriver à *Bagnères* que par le rapprochement des Pyrénées. L'ardoise couvre les maisons et le marbre les décore. Il y a des toîts en paille, mais si artistement et si solidement construits, qu'ils ne le cèdent en rien aux premiers.

Nous arrivâmes vers les six heures du soir à *Bagnères*. Quel tableau imposant que l'aspect des premières montagnes, au pied desquelles cette ville est située ! Jugez, mon cher, des sensations qu'on doit éprouver, lorsque, dépassant ces aggrégations tertiaires, on se transporte sur les montagnes secondaires qu'on rencontre à quatre ou cinq lieues de ce point de départ. Quelle majesté ! Je n'ai point fait ce voyage-ci pour étudier les montagnes : aussi ne les ai-je pas parcourues avec cette inquiète et savante curiosité du minéralogiste ou du botaniste : d'ailleurs, eussé - je apporté dans mes courses les instrumens et les données qui accompagnaient R.... B.... de S.... ou G..., je n'étais pas encore destiné à utiliser mes ascensions. J'ai eu, dans

la suite, occasion de connaître ces célèbres na-
turalistes, et le bonheur de les suivre dans des
travaux *géologiques* ; mais leur résultat a fait,
dans le tems, la matière d'un ouvrage sérieux,
dont le scientifique n'est pas du domaine de la
gaîté, comme celui-ci.

Je ne suis maintenant qu'un simple admirateur
de la nature ; ses beautés sévères et gigantesques
avaient le droit de subjuguer toutes mes fa-
cultés. Je regardais, j'admirais, je ne me rassasiais
pas de contempler ; je me perdais sur ces hauteurs,
mais je m'y écoutais vivre. Oh! si j'eusse eu le
tems et les moyens de gagner tous ces pics que
je voyais toujours au-dessus de moi, j'y eusse
peut-être appris à ne plus tenir à rien, j'en
serais pourtant fâché.

> L'isolement me désespére ;
> Cléon, je veux tenir à vous ;
> Pour moi vous fûtes un bon père ;
> Et pour moi, vous chérir est un plaisir bien doux (1).

---

(1) O vous, hommes instruits et de bonne foi, que
la curiosité porte à visiter les montagnes, parcourez-
les un *Deluc*, à la main ; interrogez leurs imposantes
cimes, elles sont la preuve vivante de la vérité de la
Cosmogonie de Moyse ! *Deluc*, ce célèbre géologiste,
a pleinemént vengé l'auteur sacré de ses ridicules
ennemis.

(15)

Cependant , n'allez pas croire que je n'aie gravi que les plus humbles sommités de la chaîne. Quoique je me sois tenu, cette fois, loin du *Marboré*, plus encore du *Mont-perdu*, et que je n'aie mesuré que de l'œil la *Bréche-de-Rolland*, j'ai encore escaladé le *Pic-du-Midi* de *Tarbes* , dont l'élévation (1) et le gissement favorisent suffisamment les regards du curieux.

Les premiers bancs de ce Pic fournissent à *Bagnères* la rivière d'eau thermale qui coule sous cette petite ville ; et c'est ici le lieu de vous parler de l'amménagement de cette eau, que les habitans mettent en pratique. Leur procédé m'a rendu suspecte la source qui alimente leurs bains. A la vérité, ceux du *Salut*, de la *Reine* , de *Bellevue*, et de *Jolas-Théas* m'ont paru fidèles ; mais il s'en faut bien que j'aie la même confiance en ceux de l'intérieur de la ville. Je puis me tromper ; car la fontaine de *Salies* , (à la température de 41 degrés de chaleur, selon *Réaumur*) déroute singulièrement le calcul analytique. Quoiqu'il en soit je ne m'y fie point ; en voici la raison à la quelle je prélude par les vers suivans :

---

(1) 3200 mètres au-dessus du niveau de la mer.

La concurrence, en matière d'argent ,
Rend l'ame vile , envieuse et rampante.
L'homme est fort peu sur ce point indulgent,
Si par malheur l'intérêt le tourmente.

J'appris sur les lieux que les particuliers qui ont établis des bains en ville, se volaient réciproquement les eaux ; que le plus ou moins d'enfoncement du tube conducteur, enrichissait ou appauvrissait les concurrens. Un arrêté du Préfet de *Tarbes* , qui prohibe les fouilles pendant trente ans, a paru s'opposer à ce petit brigandage ; mais l'*Adour* est venu au secours. Les sources déjà découvertes, donnant communément les degrés de 30 , 31 et 32 (*Réaumur*), il en en est résulté que ces degrés , plus forts que la température nécessaire au corps humain, surtout dans la saison ordinaire des eaux, ont permis un mélange d'un sixième, ou environ , d'eau profane à leur masse ; de sorte que tel a six baignoires , qui n'en eût eu que cinq, ou même quatre, s'il se fut contenté de sa portion d'eau thermale. Et, comme dans ce versant des Pyrénées, les eaux sont presque par-tout férugineuses, et que les parties martiales s'y tiennent suspendues dans un état gazeux, il s'en suit que l'eau de l'*Adour*, ou de toute autre source non minérale, renfermant des parties contraires à *l'homogénéité*, comme il est plus que probable, doit nécessairement altérer leur qualité médicamenteuse, en précipitant les molécules qui en font tout le mérite, ou en dissipant le gaz dont elles tirent leur célébrité. Voilà mon raisonnement, et le jalon que je plante, jusqu'à ce qu'un chymiste plus habile que moi, l'enlève, l'éloigne ou le brise.

Les quatre bains que je vous ai cités, je les crois privilégiés. Ils sont adossés aux 'tranches perpendiculaires des premiers bancs du *Pic du Midi* (1). Point d'intermédiaire entr'eux, point

______

(1) On appelle *Pic du Midi* de tel endroit, la montagne sur le sommet de laquelle le soleil se trouve, lorsqu'il est midi dans cet endroit. Ces pics sont ordinairement pointus. Ainsi, on dit : *Le Pic du Midi de Tarbes, le Pic du Midi de Pau, le Pic du Midi de Perpignan*, etc. Ce dernier pic est le *Canigou*, élevé d'environ 560 mètres de plus que le *Pic du Midi de Tarbes*, dont je parle dans ce voyage. C'est sur ce dernier pic que M. de *Plantade*, académicien, déjà âgé, et d'une faible complexion pour ses expériences, mourut à côté de son *quart-de-cercle*, en s'écriant : *Ah, que c'est beau !* Il paya cher la vue de ce magnifique tableau que son élévation lui fournit. Une violente hémorhagie l'enleva aux sciences, aux arts, et à ses nombreux amis.

d'*Adour*, point de fontaine, du moins apparente. Ceux du *Salut*, sur-tout, jouissent d'une préférence bien méritée. On les trouve, à la vérité, un peu froids, leurs dégrés étant à peu près de 27 à 28 ; mais les baignoires en sont superbes, elles sont en marbre. Il y a celles de famille, où l'on est au large comme dans une rivière, et à l'aise comme dans un lit. Tout y est grand, abondant et salubre. Au-dessus des bains est une vaste salle, destinée à placer un orchestre composé de virtuoses, pour le plaisir de ceux qui désirent les employer. Une montagne à pic vous abrite à l'ouest. Une petite promenade, en plate-forme, couverte de platanes de marronniers et de tilleuls, s'offre, au midi, pour recevoir les courtisans de la Naïade.

Le chemin qui vous y conduit de *Bagnères*, en vingt minutes, est vraiment romantique. Quel luxe de végétation ! de bosquets d'une appétissante fraîcheur ; de maisons de campagne très-riantes ; de prairies du plus beau vert ; de saules-pleureurs en pile ; de châtaigniers touffus ; de hauts cerisiers couverts de leur fruit ; de chênes énormes,..... que sais-je ? Tout y est gaîté, fraîcheur, santé, salut.

J'ai vu *Médous* et son célèbre châtaignier, c'est

le plus bel arbre qu'on puisse voir ; quatre hommes peuvent à peine joindre leurs mains en l'embrassant. Ce qui en fait le prix, c'est son extrême grosseur, son élévation de près de 4o mètres, et sa tige lisse et droite comme un cierge : il n'a qu'un bouquet qui le couronne. Au reste, sa vétusté, en le creusant intérieurement, l'a rendu impropre à tout autre fin qu'à celle de s'attirer l'admiration qui lui est bien due.

Médous était jadis une *capucinière*, dont un américain réfugié a fait l'emplette. Il y reste encore des vestiges qui annoncent sa destination primitive. Une vieille chapelle délabrée offre un vieux tableau déchiré, représentant une famille prosternée et reconnaissante de quelque bienfait signalé de la *Madone*, à qui la chapelle était dédiée. Ce n'est qu'une croûte : mais eût-il été meilleur, il en serait de lui comme de la perruque de M. de *Plantade*, dont j'ai rapporté la fin tragique. Ces deux monumens, l'un de reconnaissance et l'autre d'exaltation, ont payé le tribut à la localité, c'est-à-dire, qu'ils sont couverts de moisissure.

Une fontaine fort abondante qu'on rencontre à l'entrée de cette maison, forme à sa source une petite nappe d'eau, remplie d'excellentes truites qu'on prend facilement à la main.

L'acquéreur de ce bien national se fait, nous dit-on, honneur de son revenu. Comme il n'est qu'à vingt minutes de distance de *Bagnères*, et que le chemin longe agréablement l'*Adour*, il donne avant et pendant la saison des eaux, des soirées fréquentées par le beau monde. On nous donna, sur ces rassemblemens, quelques détails que je vous transmets.

On y jouait à plusieurs jeux.
Ici, c'était une *Bouillotte*;
Ailleurs, un *Wisk* silencieux,
Qui les causeurs si bien détrotte.
Enfin, le piquant *Écarté*,
Beaucoup d'argent mettait aux prises.
Par-ci, par-là des *aparté*
Qui fesaient faire mines-grises
Aux mamans, aux maris jaloux;
C'était des yeux ou des visages
Qui ne montraient point de courroux;
C'était des minois, des corsages,
A faire courir les plus fous,
Ou bien à tenter les plus sages.

J'y fus témoin d'une risible aventure qui arriva à un de nos compagnons de voyage, comme nous revenions à *Bagnères*. Un gros chien, gardien du manoir, le saisit , au détour d'une aîle du bâtiment, devinez par où ? justement par le derrière de sa culotte. Il fut renversé du choc. Nous courûmes à son secours : le chien , après cet exploit, s'était tranquillement retiré dans son chenil, où nous ne jugeâmes pas prudent d'aller lui demander raison de sa brutalité. Notre pauvre camarade, encore étourdi de *l'impromptu* , ne fut heureusement pas blessé ; il en fut quitte pour la peur : mais la pièce emportée occasionna une solution de continuité qui le mit dans un grand embarras pour rentrer en ville.

> Las ! quel malheur, et quelle nudité !
> Et notez bien que, dans sa peine étrange,
> L'infortuné n'avait point de rechange
> Pour conserver son derrière abrité.
> De son habit les basques écourtées,
> Le couvrant mal , excitaient des huées.

Il fallut donc rétrograder , et prier l'américain d'obvier à l'inconvénient.

J'ai vu, à *Bagnères* , le dernier père-gardien de ce couvent. C'était un pauvre et intéressant nonagénaire, dont la tête était devenue *zéro*. Il ne lui restait de l'existence, que ce que l'animalité rend commun aux *Testacées*.

Qu'un vieillard devienne stupide,
Je le crois ; c'est le lot de la caducité :
Mais, qu'un homme encor jeune, et que la
raison guide,
Perde sa tête..... en vérité,
C'est ce qui bien fort m'humilie.
De mon semblable la folie
A le droit d'attrister toute l'humanité ;
Retenez la leçon, pour qu'elle ne s'oublie.

Cette réflexion si cruelle, je la fis à l'occasion
d'un jeune homme de *Bagnères*, en qui une
forte sensibilité, jointe à des nerfs très-irritables,
des déboires de famille, etc., avaient causé une
certaine aliénation mentale, dont les aberrations
lui laissaient pourtant de longs intervalles lucides.
Des égards de la part de ses parens et de ses com-
patriotes; un régime approprié à sa situation, pour-
raient adoucir son triste sort, peut-être même le
rendre à la société dont il ferait les délices. Il est
beau garçon, chante bien, fait d'assez jolis vers, et
est fort instruit. Quel dommage que sa manie
soit si ténébreuse ! Je le rencontrai un jour sur
le chemin de *Bagnères* à *Tarbes*, seul, rêveur
et la tête baissée. Comme je le connaissais assez
pour me permettre de l'aborder, je me dirigai
vers lui. Le bruit de mes pas le fit tourner de

mon côté; comme j'étais près de lui, il me dit : eh! bonjour, l'ami! (c'est ainsi qu'il m'appelait), et, sans me donner le tems de lui adresser la parole, il reprend : vous ne devineriez peut-être pas ce qui m'occupe maintenant ? = Que sais-je ? = Tenez, je suis encore jeune, pour-suivit-il, aussi je porte mes regards bien loin. Je songe au tems où je serai vieux, et au sort qui m'attend à cette funeste époque. Vous savez que je suis privé de père et de mère, et que je n'ai que d'avides collatéraux qui désirent ma fin, pour posséder ma petite fortune : eh bien ! comme je me surprends triste aujourd'hui, je vais vous faire part de ce qui m'occupait lorsque vous m'avez rencontré.

C'est lui-même qui va parler.

« Que l'avenir me paraît affreux! je ne tiens à rien sur la terre. Des collatéraux avides et égoïstes en jouissant de mon bien, oublie-ront peut-être jusqu'au nom de celui qui le pos-sédait avant eux.... Oh, le triste sort que celui d'un célibataire vieux et infirme! c'est, à coup sûr, le sort qui m'attend, si je vieillis. Et quand l'opinion qu'on a de moi, et l'espèce de rebut auquel elle m'a condamné, ne m'interdiraient pas la faculté de me marier, mes parens, d'un côté, et ma délicatesse, de l'autre, s'opposeraient toujours à ce que j'associasse une infortunée au sort d'un malheureux que l'opprobre poursuit. J'ai donc raison de gémir d'avance sur les souffrances qui m'attendent à mon dernier moment. Hélas ! qui me soignera ? *une main mercénaire.* Qui supportera mes infirmités ? *une main mercénaire.* Qui me présentera le bouillon de la douleur ? *une main mercénaire.* Sera-ce une main amie qui me fermera les yeux ? non, ce sera encore *une main mercénaire.* Qui pourvoira à ma sépulture, en s'empressant de délivrer mon lit de mort du fardeau de mon cadavre ! *une main mercénaire.* Qui donnera une larme à ma mémoire ? *personne.* O mon Dieu ! fortifiez mon cœur. Il se fend à ce tableau terrible. Et vous, mes amis, s'il m'en reste à cette heure, en passant près de mon tombeau faites entendre une parole de consolation et de paix..... ma poussière y sera sensible. Les malheureux ! ils me croient insensé ! mais, l'insensé ne réfléchit pas ; mais l'insensé n'a pour lui que l'instant ; encore, comment le possède-t-il ? Et moi, moi, je recule en présence de l'avenir !

« Je ne serai donc heureux que quand je n'aurai plus le choix de ma situation ! Je ne serai donc tranquille que dans la nuit du tombeau !

Ames sensibles, je vous fais un appel : consolez l'infortuné que rien ne console. C'est le vieux célibataire, sur-tout , qui mérite votre compassion. Il est l'homme de douleur par excellence. Tout le fuit, tout l'abandonne ; et il ne reste près de lui que des ames viles, qui lui font payer bien cher le fiel et l'absinthe dont elles l'abreuvent. Heureux ! si, dans son malheur, il ne possédait rien. La sordide cupidité, manquant alors d'aliment, il serait isolé sur la terre : il ne souffrirait que de ses maux , et son ame quitterait en paix son enveloppe mortelle. »

A gauche du chemin de *Médous* , sont deux jolis petits villages, à peu de distance l'un de l'autre, où l'on va par un pont jeté sur l'*Adour*, mais déjà disposé à se jeter sous elle. Le dernier de ces villages, nommé *Asté* , est situé à la base de trois montagnes, ou , pour mieux dire , de trois gros mamelons de la même montagne , dont le plus éloigné , nommé la montagne de *Lhéris* , est très-curieux à parcourir. Son sommet est couvert des plus belles fleurs, que nous soignons tant dans nos parterres. La nature fait toute seule les frais de leur culture. Ce sont des *œillets* les plus variés , des *renoncules* , des *anémones* , etc. A la vérité, tout y est simple, mais bien parfumé. La *tulipe-ivrogne* y est sur-tout très-commune.

C'est une perfidie de la nature, qui a voulu que sur un site où les hommes s'enivrent rarement, les végétaux leur retraçassent constamment l'idée et la couleur d'une boisson dont il ne font pas grand usage ; sans doute, pour augmenter leurs désirs et leurs regrets. Je visitai cette montagne, accompagné d'un guide que me procura, dans ce village, un homme dont je fis la connaissance. Il est un peu botaniste, et il me parla de notre savant compatriote, M. B...., qu'il avait accompagné quelque tems auparavant, dans ses ascensions scientifiques.

Les bêtes à cornes qu'on pousse vers la montagne, à la Saint-Jean, avaient déjà bien dévasté la *Flore* de *Lhéris.* Cette partie des Pyrénées est fort assombrie par les bois de toute espèce dont elle est couverte. Au reste, presque toutes les croupes de ce côté sont revêtues de gazon et de fougère. Ce n'est pas là que sont les excoriations et les ravins. On les trouve bien plus en avant, au versant opposé, et à l'ouest de ma position :

Superbes monts, autrefois si fameux,
  Devant qui s'abaisse la nue ,
Vous étonniez le génie et la vue
  De nos trop modestes aycux.

De deux peuples toujours vous êtes la barrière,
    Qu'on franchit pour n'en faire qu'un.
Ah ! s'ils recommençaient leur timide carrière,
Ils verraient qu'aux Français il est toujours commun
    De rompre de telles entraves,
    Et que rien n'arrête nos braves.
    Que sont pour eux vos sommets sourcilleux,
    Que sont vos gouffres périlleux !
Alpes, n'êtes-vous pas désormais praticables ?
Bientôt vous jouirez de la même faveur ;
    Bientôt vos cimes habitables
    S'étonneront des pas du voyageur :
    Je vous le prédis, *Pyrénées*,
    Tel est l'arrêt des destinées.

J'avais lu la description de la cascade de *Ga-varnie*. Un jour que je témoignais à un étranger que je voyais habituellement, le regret de n'être pas à portée de la voir, ce jeune homme me dit qu'à une demi-journée de *Bagnères*, j'avais une cascade qui ne le cédait en rien à la pre-mière : c'était la cascade de *Gripp*. J'acceptai d'autant plus volontiers l'offre qu'il me fit de m'y accompagner, que je ne connaissais pas le pays ; et qu'à tout événement, il vaut toujours mieux être deux dans ces occasions, que de voyager seul, courant, pour le moins, le risque de s'égarer. Nous voilà donc, dès les quatre heures du matin , enfourchant nos chevaux , et chevauchant à travers la montagne. Faites-moi grace de la description de cette route; je ne pourrais que vous entretenir des *accidents* ordinaires dont je vous ai déjà parlé , et qu'on rencontre presque toujours en parcourant les montagnes. Je me dépêche d'arriver à l'auberge du village de *Gripp*, où nous descendîmes pour nous rafraîchir. Il est absolument impossible de faire ce chemin en voiture , sans danger. Nous étions arrivés à neuf heures du matin : il y avait de la brume. Tous les sommets nous étaient encore invisibles. Vers les onze heures , elle commença à se dissiper ; et , à midi , nous nous avançâmes vers la cascade que je trouvai fort belle. Je n'en avais jamais vu d'autres que celles des chaussées de nos moulins : aussi celle-là me parût-elle magnifique. Je crus un moment voir la fameuse cascade de *Niagara* , où le fleuve de ce nom tombe en brouillard , tant est prodigieuse l'élévation d'où il se précipite.

Mon compagnon de voyage qui avait vu la cascade de l'Amérique septentrionale , regardait celle-ci avec assez d'indifférence. Il m'observa qu'à peu de distance du lieu où nous étions , il y en avait encore une autre , moins considérable, à la vérité, mais plus pittoresque. Nous la vîmes, placés à l'ombre de quelques arbustes voisins.

La journée promettant d'être belle jusqu'au soir, je proposai à mon camarade de parcourir le *Tourmalet*, jusqu'à ce que nous pussions voir le versant de *Barèges*. Nous fûmes prendre nos chevaux, et, pendant deux heures, tournant cette montagne par un chemin assez raboteux, nous vîmes *Barèges*, dans l'enfoncement de la vallée du *Bastan*. Qu'il nous parût petit, pour l'affluence des malades que ses eaux y attirent ! Nous retournâmes sur nos pas, et nous revîmes *Gripp*, à six heures du soir ; et continuant notre route, nous fûmes de retour à *Bagnères*, à neuf heures, par un beau clair de lune.

A propos de la lune, les habitans de *Bagnères* n'en voyent pas souvent le disque. J'étais dans cette ville à l'époque où cet astre atteignit son plus haut *apogée*. Je n'en vis que les reflets : les montagnes me la cachèrent obstinément. Elle éclaire, à la vérité, cette petite ville ; mais, bien moins vivement qu'ailleurs. On n'y connait point ces grands effets de clair de lune, où de fortes masses d'ombre tranchent si puissamment : aussi, n'y excite-t-elle pas à cette douce mélancolie, à ces agréables rêveries, qui s'emparent de nos amans du midi. Ce n'est pas, non-plus, le pays des belles ou des aimables passions. La dominante, je crois, est celle de l'argent: tout y aboutit, sans exception.

Argent, idole favorite,
A qui, dans tous les lieux, on dresse des autels,
Feras-tu donc, toujours, le tourment des mortels,
Feras-tu donc leur seul mérite !
J'ai vu le citadin,
Son bonnet à la main,
Rodailler mes espèces.
J'ai vu le montagnard,
Aussi fin qu'un renard,
Me faire des caresses.
J'ai vu le marchand d'eau,
En épongeant ma peau,
Me vanter sa buvette,
Et puis son minéral,
Pour avoir le métal
Logé dans ma pochette.

J'ai vu, pour mon argent,
Maint traiteur indigent
Affamer ses pratiques,
Et vendre chèrement
Ses ragoûts au piment,
Et ses poulets étiques.

(31)

Enfin, tout y veut de l'argent ;
A donner de l'argent, tout vous force ou convie,
A *Bagnères*, l'argent est tout pour cette vie ;
Et pour l'argent, tout est marchand.

Argent, idole favorite, etc.

Je ne crois pas vous avoir parlé de la fameuse vallée de *Campan*. Il serait affreux que j'oubliasse ce lieu délicieux, que *Ramond* appelle un charmant *Elysée*. Il a raison, et je tremble, comme lui, pour ce petit *Eden*; voici pourquoi :

Ramond de Carbonnières, dans son premier voyage aux *Pyrénées*, nous assure que la vallée de *Campan* finira par être comblée par les *avalanches* et les éboulemens, que les montagnes qui la forment éprouvent fréquemment, et que ce désastre arrivera plutôt qu'on ne le pense. J'ai eu l'occasion de voir deux fois cette vallée, depuis que ce *savant* a écrit sur elle; et je me suis fort bien aperçu qu'elle se décreusait très-sensiblement. Je mets en fait que deux ou trois catastrophes, de la nature de celles qui arrivent fréquemment dans les *Pyrénées*, à la fin de l'hiver, sont capables de la faire disparaître. Ce qui est bien sûr, c'est que sur l'étroit chemin de *Lourdes* à *Barèges*, il en est arrivé de bien terribles qui, au commencement du printems de 1815, ont comblé une grande partie de ce chemin, fait dévier le *Gave* qui le borde, emporté le *Pont-du-Diable*, etc. ; et qu'il a fallu bien du tems et de frais pour rétablir, encore tant bien que mal, cette communication si importante qui, en fait de ressources de restaurations, présente des moyens bien autrement puissans que cette vallée.

Les fraîches villageoises de *Campan* annoncent, dans leur mise et dans leurs mœurs, l'aisance et le bonheur qui les caractérise. Elles venaient tous les jours régaler *Bagnères* de leur excellent beurre, des fraises et des cérises, que la montagne leur fournit sans frais : j'en ai bien mangé. On en ramasse jusqu'à la fin d'août. Leur lait aromatisé est une excellente boisson, qui nourrit et rafraîchit sans danger.

La vallée de *Campan* renferme une grotte fameuse dans le pays... : je voulus la voir. Un guide me précédait, muni d'une torche, d'une échelle, d'un marteau et d'un ciseau. Je fus d'abord effrayé de cet appareil. Je crus qu'il ne s'agissoit de rien moins que de percer la montagne, et de s'ouvrir un passage pour y pénétrer. Le guide s'expliqua, et me rassura. Nous nous enfonçâmes sous une voûte très-élevée, formée par la juxta-position de deux énormes roches menaçantes, tellement oblitérées par le tems, que presque tous leurs angles dégarnis de la terre qui a dû con-courir à leur point d'appui , semblaient ne poser que sur de dentelures de rocher , mais si peu de chose, que j'en tremble encore. Je craignais de me voir englouti , écrasé ou enfermé dans ces profondeurs.

Mais, voici bien une autre fête.

Nous n'eûmes pas fait trente pas , que mon guide alluma sa torche , plaça son échelle à l'ou-verture d'un souterrain et descendit en m'in-vitant à le suivre. Je ne pûs me défendre d'une certaine répugnance qui me saisit , mais dont je ne fis rien paraître, voulant soutenir la ga-geure. A peine fus-je descendu, qu'il reporta son échelle à un autre trou , et descendit pour la deuxième fois. Oh! pour le coup, je ne pus me préserver de la sinistre idée de m'être engagé dans un coupe-gorge. Comme j'hésitais, mon guide, qui était déjà dans le sanctuaire de la curiosité, me cria de me dépêcher, que nous étions arrivés. Je descendis donc à la garde de Dieu. Jugez de l'agréable surprise que j'éprouvai , lorsque je vis notre flambeau mille fois répété dans les *stalactites*, dont cette grotte est tapissée ! Je me crus transporté, comme par enchantement, dans un salon éclairé de mille lustres. Rien ne peut rendre le magique de cet effet : il vous étourdit et vous laisse bouche béante. Mon guide, appuyant son ciseau sur un point saillant de ces stalactites, en détacha, d'un coup de marteau, le fragment que vous avez vu dans ma collection minéralogique. Jettant ensuite une pierre par-dessus une espèce de mur que formait les saillies rocailleuses du fond de la grotte, une minute après, nous entendîmes dans la voûte un roulement pareil à celui d'un tonnerre éloigné.

Quoiqu'il me tarda beaucoup de sortir de ce gouffre, je cédai à la curiosité d'y lire quelques noms des voyageurs qui y étaient venus. Toutes les nations, je crois, ont payé leur tribut à cette grotte, par des envoyés : ça ne finit pas. Je me gardai bien d'y inscrire le mien. Outre qu'il me tardait beaucoup de me voir dehors, je ne méritais pas d'y figurer, tant j'avais peur ; et la mauvaise grace avec laquelle j'avais entrepris cette espèce de *travaux-d'Hercule*, me donna la conscience de sacrifier ma prétention à ce genre de célébrité.

Je tiens fortement à la vie.
Il en est qui n'y tiennent pas :
Pour moi, je frémis du trépas....
Que voulez-vous ? c'est ma manie.
Plus d'un de ceux qui sont inscrits
Sur les rocs de cette grotte obscure,
S'est senti saisir les esprits
De la peur de quelqu'aventure.

J'écoutais sans cesse s'il ne se faisait pas quelque craquement derrière moi. Je mourais de peur que le ceintre menaçant et peu solide de l'entrée ne s'affaissât et ne m'enfermât vivant dans ce tombeau. Quel supplice, si cela eût été ? Cette crainte qui me travaillait rudement, dépréciait beaucoup tout ce que je voyais. Ce salon de stalactites perdait infiniment de se trouver en si mauvais lieu. Quel correctif à l'admiration que sa position !

J'en sortis, à la fin, non s'en m'être cogné la tête contre une saillie de rocher, tant je me pressais. En toute autre occasion, j'en eusse été étourdi : mais, ici, je conservai tous mes sens, j'en avais besoin. J'en fus quitte pour une bosse, et quelques pièces de monnaie que de petits montagnards m'extorquèrent, pour me dépêtrer d'eux. Le curieux, qui va voir la grotte, est sûr d'être harcelé par ces petits vampires, effrontés comme des singes, et fort avides d'argent.

Parmi ces petits malheureux, j'en distinguai un, dont la physionomie m'intéressa singulièrement. Il était joli, mais triste. Plus modeste que ses camarades, il se tenait derrière eux, et attendait, d'un air suppliant, sa part à l'aubaine. Je la lui donnai bonne, pour sa retenue. Je lui demandai s'il avait son père, sa mère, des frères, etc. Les larmes lui vinrent aux yeux, en me répondant qu'il n'en avait jamais connu, puisqu'il était orphelin, dès sa naissance ; que la charité publique l'avait nourri jusqu'au moment où elle avait jugé qu'il était en état de gagner sa vie, ou mieux, de se procurer, en mendiant, les moyens de se la conserver. Ce récit touchant m'intéressa au point que je n'ai pu résister, mon ami, au désir de vous faire partager les sensations qu'il me fit éprouver, en me racontant ses malheurs.

L'ORPHELIN,

ROMANCE (1).

Né pour épuiser tous les traits
De l'abandon de la misère,
Hélas! je ne connus jamais
Les doux noms de père et de mère.
En naissant, un astre malin
Versa sur ma débile enfance
Le venin de son influence,
Et de moi fit un *orphelin.*

Le pauvre va vite appaiser
Son enfant, s'il verse une larme,
Et tâche avec un doux baiser
De le calmer par ce doux charme.
Joyeux, il partage son pain
A sa tendre progéniture....
Rebut de toute la nature,
Plaignez-moi, je suis *orphelin.*

( ) Cette Romance a été mise en musique . avec
accompagnement de guitare, par M. *P. Rebeyrol.* On
la trouvera (gravée) chez l'éditeur de cet ouvrage.

Je suis comme un tendre rameau
Détaché du tronc tutélaire.
La mort entoura mon berceau,
Puisqu'elle me ravit ma mère.
Déjà, mon père, du destin
Avait subi la loi commune ,
Lorsque, pour comble d'infortune,
Ma mère me fit *orphelin*.

A douze ans, ne tenir à rien ,
Quel triste sort ! ames sensibles ,
Par pitié , soyez le soutien
De mes malheurs.... ils sont horribles.
Voyant le sourire enfantin ,
D'un fils dans les bras de son père,
Souvenez-vous bien , tendre mère ,
Qu'il est affreux d'être *orphelin*.

Je me promis bien de ne plus m'exposer au danger de ces sortes de visites. Je vous assure que le moment où cette grotte s'affaissera ne saurait être éloigné. Fasse le ciel que cette révolution arrive en hiver, où probablement personne ne s'y trouvera pris.

Le hazard me conduisit, un jour, à une petite vallée qui n'est, à proprement parler, qu'un vallon formé par les déclivités de deux montagnes assez élevées, mais très-rapprochées. Sa direction est du sud-ouest au nord-ouest. C'est bien le plus joli petit réduit qu'on puisse voir. On lui a donné le sobriquet de l'*Elysée-Cotin*, du nom de quelque femme célèbre, sans doute ; je ne savais sous quel rapport. Avant d'être exactement informé, je crus d'abord que la chronique scandaleuse de *Bagnères* ne manquerait pas de nous dire que ce lieu solitaire avait pu servir de refuge à quelque femme galante ; il est, en effet, propre à récéler le palais d'*Armide* : mais je préférai penser que quelque femme du bon ton, fuyant le bruyant du tourbillon, et voulant jouir d'elle-même, choisit ce lieu enchanteur, exprès pour adoucir sa solitude, ou pour se donner une esquisse du *Paradis-Perdu* ; se promettant bien, j'en suis sûr, de faire ensorte de le recouvrer à tout prix. On m'a fixé depuis sur la véritable étymologie du sobriquet. Madame *Cotin*, auteur de *Mathilde*, *Malvina*, *Claire-d'Albe*, *Emilie de Mansfield*, etc., a souvent habité *Bagnères*, où ses talens supérieurs et, plus encore, les excellentes qualités de son cœur, ont dû rendre sa mémoire assez recommandable, pour qu'on lui ait consacré ce vallon, où elle prenait le lait ordonné à l'état de délabrement de sa poitrine.

On aborde ce vallon avec assez de difficulté.
Ce ne fut qu'après une ascension de trois bonnes
heures, que nous découvrîmes, M. S.... et moi,
ce lieu fortuné : tant il est vrai que la nature,
avare de ses trésors, ne les accorde guère qu'à
la poursuite opiniâtre de ses amateurs, ou plutôt,
au hasard qui la trahit. Ce fut aussi lui qui nous
ménagea cette agréable surprise, pour nous dé-
dommager amplement de nos fatigues. Nous étions
aux bains de la *Reine*, lorsqu'il nous prit la fantaisie de grimper sur une montagne que nous avions
en face. Quelques jours auparavant nous l'avions
gravie jusqu'à une certaine hauteur ; et je me
rappelle que nous y rencontrâmes une jolie petite
fontaine, formée par un filet d'eau qu'un bon-
homme, artiste peu fortuné des environs, avait
dirigé, à l'aide d'un tuyau adossé à la croupe
de cette montagne, dans un petit bassin de marbre,
au-dessus duquel on lit, gravés sur une ardoise,
deux vers alexandrins qui, s'ils ne sont pas des
meilleurs, annoncent, du moins, de la délicatesse de sentiment dans le bienfaiteur. Les voici,
avec l'intitulé :

FONTAINE D'HIPPOCRÊNE.

Onde pure, au méchant refuse ta fraîcheur ;
Sois, pour l'homme de bien, la source du bonheur.

Convenons, en passant, que l'Hippocrêne de l'ancienne *Beotie* avait plus de vertu poétique que celle des Pyrénées.

Après avoir bu de l'eau de cette fontaine qui rafraîchit nos poumons, bien plus qu'elle n'échauffa notre verve, nous continuâmes de monter, jusqu'à ce qu'au bout de cette élévation nous en vîmes une autre, et puis une autre, et, comme *il* arrive toujours sur les montagnes, jusqu'à ce qu'enfin on ait gravi l'extrême sommité ; chose presqu'impossible vers le milieu de la chaîne où nous nous trouvions, et où l'élévation est la plus considérable. Ce fut donc du haut de notre troisième ascension graduée, que nous découvrîmes le charmant vallon de *Cotin*. Nous y descendîmes, nous le parcourûmes, mais je ne vous le décrirai pas. Il est des genres de beautés qu'il faut voir pour s'en former une juste idée.

L'*Elysée-Cotin* est unique : que sont auprès de lui nos vallons de *Veronne* ou de *Scaliger*, si renommé chez nous ? celui même de *Campan*, en dépit de l'éloge que *Ramond* et moi en avons fait ?

Non , je n'oublirai de ma vie
Le charmant vallon de *Cotin.*
J'y rêverai chaque matin ,
Pour narguer la mélancolie.
Si , poursuivi par le destin ,
La calomnie ou bien l'envie ,
Je desire que l'on m'oublie ,
J'irai braver la jalousie
Au charmant vallon de *Cotin.*
Non , je n'oublierai de ma vie
Le charmant vallon de *Cotin.*
J'y rêverai chaque matin ,
Pour narguer la mélancolie.

N'ayant plus rien à voir, ni à faire à *Bagnères*, et ne voulant y passer qu'une vingtaine de jours, je décidai mes compagnons de voyage à partir : ce que nous fîmes par le tems le plus beau , mais le plus chaud possible. Nous dîmes adieu à *Bagnères*, à nos hôtes , aux bains et aux montagnes.

Nous franchîmes Tarbes , par rancune contre ses soupes à l'oignon, et fûmes, tout d'un trait, à *Rabastens*, où le postillon arrêta pour faire rafraîchir ses chevaux. Il était neuf heures du matin , et comme nous devions nous y arrêter trois ou quatre heures, nous eûmes le tems de promener dans ce petit lieu.

> *Rabastens* n'est qu'un petit bourg
> Qui n'a ni mur, ni fort, ni tour.
> Sur une place gigantesque,
> On voit une croix fort grotesque ;
> Un puits énorme, fréquenté
> Par toute la gredinerie ;
> Un vieil append assez fêté
> Qu'on appellait la boucherie.
> C'est donc là ce lieu si vanté,
> Où pour son roi, dit-on, *Montluc* perdit la vie.

En vérité, on ne s'en douterait guère, à moins qu'on ne supposât que *Rabastens*, alors un des boulevards des rebelles, n'eut été râsé, en punition de sa félonie.

Des cris inhumains que nous entendîmes, et les habitans que nous vîmes se diriger, en courant, vers l'église du bourg, nous attirèrent de ce côté. C'était tout bonnement une noce, dont les époux venaient de se faire bénir. De ma vie, je n'ai vu rien de plus original que ce cortège. Figurez-vous, mon cher Cléon, tous les maux de la boîte de Pandore, réunis et personnifiés.

> Nous vîmes un époux étique,
> Porteur d'une balafre oblique,
> Partageant sa figure en deux :

Une épouse malencontreuse,

Noire , petite, et très-boiteuse ;

Venaient ensuite derrière eux,

A la tête de la cohue ,

Un manchot, puis une bossue,

Qu'on nous dit être les parens

De ce couple si lamentable.

Un menestrier épouvantable ,

Qu'on avait pris pour passe-tems ,

Faisait crier miséricorde,

En faisant jurer chaque corde

D'un violon de mendiant.

Ce racleur déplaisait d'autant,

Que sa figure hétéroclite ,

Pour point de mire offrait d'abord ,

D'un œil absent la large orbite (1).

Cette lacune était d'accord

Avec le reste du visage

De ce burlesque personnage.

Or , ce visage était gravé

En carte de géographie ,

Où l'on eût aisément trouvé

---

(1) Ce menestrier passait dans son village pour être d'une avarice si sordide, qu'on disait plaisamment de lui , que , depuis l'impôt des *portes et fenêtres* , il s'était crevé un œil , pour ne payer qu'une ouverture.

Tout ce qui la diversifie.'
Un grouppe, enfin, frais et joyeux,
De dix massives jouvencelles,
Riant et folâtrant entr'elles,
Fermait ce cortège piteux.
Mais, hélas! ces filles chantèrent
Et nous de fuir. Pauvre mari,
Ton triste sort elles comblèrent,
En te faisant *charivari*.

Nous partîmes vers les deux heures de l'après midi, et *Miélan* nous fournit le gîte pour la deuxième fois. Je n'avais pas perdu de vue que je voulais, pour l'acquit de ma conscience, me réconcilier avec cette petite ville. Vous vous rappellez, mon bon ami, la musique infernale des polissons de *Miélan*. Dieu nous en préserva cette fois, et nous fit la grace de trouver à l'auberge un bon gigot de mouton du pays, cuit à la braise. Les dames en mangèrent fort peu. Elles firent main-basse sur les friandises et les plats au sucre; M. S.... et moi, la fîmes sur le mouton, et si cruellement, que nous l'expédiâmes en fort peu de tems. De ma vie, je n'ai mangé rien de meilleur, ni vu de réputation mieux justifiée. Mon compagnon, naturellement carnivore, s'en donna jusqu'aux gardes. Il n'en fût pas incommodé, quoique ayant été se coucher le morceau à la bouche ; cependant,

Mon partener ne mangeait pas ;
Mais plutôt, il buvait l'éclanche.
Il en avalait mainte tranche,
Dont trois auraient suffi pour faire un bon repas.

Nous arrivâmes le lendemain à *Auch*, pour la dînée. Nos dames ayant témoigné un vif désir de voir la fameuse basilique de *Sainte-Marie*, qui est l'église métropolitaine de cette ville, nous les y accompagnâmes. Vous connaissez ce chef-d'œuvre, et ses fameux vitraux ; aussi ne vous en parlerai-je pas : mais, ce que vous ne savez pas, c'est l'explication des figures peintes sur ces vitraux, et de celles des bas-reliefs que le suisse de cette église prit sur lui de nous donner, pour gagner la pièce.

Nous étions à pâmer de rire
En écoutant cet *Ostrogot*,
Qui se renforçait le jabot
En s'efforçant de nous décrire,
Comme un des savans d'aujourd'hui,
Ce que nous savions mieux que lui.
Sa leçon burlesque était prête.
Mais, mon Dieu ! qu'il nous parût bête

Quand sa mémoire , de son mieux,
Confondant les faits et les dates,
Les personnages et les lieux,
Prenait les *juifs* pour des *croates* ,
Les *anges* , pour des *cupidons* ,
Les *sybilles* , pour des *sorcières* ,
Les *prophètes* , pour des *grisons*
Et les *saintes* , pour des *commères*.

Les promenades en plate-forme , les casernes ,
l'archevêché et le ci-devant hôtel de l'intendance
sont , à peu-près , tout ce qu'il y a à voir dans
cette ville, d'ailleurs, bizarrement située sur la
croupe d'un côteau. Ses rues, en escaliers , sont
si pénibles à parcourir , qu'elles sont presque
toujours désertes. L'usage des voitures doit être
impossible dans beaucoup de quartiers. La rapidité des descentes est telle , que les eaux plu-
viales doivent fuir en gaves bouillonnans.

La chaleur était extrême , et le postillon avait
eu l'imprévoyance de laisser notre voiture ex-
posée pendant quatre heures aux rayons brûlans
du soleil. Il était deux heures de l'après-midi ,
quand nous y rentrâmes. Jugez, mon cher, de
sa température : tout y était brûlant, et si brûlant ,
que notre épiderme s'en crispa. Nous étouffions ;

pas le moindre courant d'air : nous ne respirions que du feu. En vain mîmes-nous pourpoint bas ; en vain cherchâmes-nous à nous donner de l'air avec nos mouchoirs ; peine perdue. O! l'affreuse situation !

Les mouches désolaient nos pauvres chevaux. Le postillon avait beau les couvrir de ramée ; ces insectes impitoyables, acharnés à leur peau, ne leur donnaient point de relâche.

Nous avions l'air d'une troupe de *bohémiens,* tant nous étions à faire peur. Nos yeux allumés, notre visage enflâmé, notre mise débraillée, le sérieux menaçant de notre contenance ; je ne sais quoi de rêveur, de concentré que la souf-france nous donnait ; tout, en nous, était capable d'effrayer le passant le plus aguerri.

> Nous paraissions être des scélérats,
> Des échappés du bagne, des forçats,
> Du vrai gibier de la gendarmerie,
> De gens, enfin, bons à saisir au corps ;
> Mais, nous étions tous gens de bonne vie,
> Et nous avions tous de bons passe-ports.

Le ciel, pourtant, nous en réservait une. Il y avait déjà quelque tems que le tonnerre grondait, nous étions encore à une bonne lieue du gîte, lorsque les premières gouttes d'un violent orage qui ne tarda pas à éclater, vinrent ajouter au mal-aise de notre situation. Il fait si mauvais être en route pendant l'orage! nos dames, surtout, frémissaient à chaque coup de tonnerre : elles craignaient sans cesse que la foudre ne les pulvérisât. Je vous avoue que je ne riais pas. Nous allions toujours, et assez vîte. Enfin, nous arrivâmes, tant bien que mal, à F........, au moment où la pluie et le tonnerre furent au plus haut point.

Pendant qu'on préparait le souper, notre vieille bigotte qui, comme je vous l'ai dit, m'avait si rudement coudoyé pendant notre voyage, s'était pourvue, à *Bagnères*, de quelques pots de beurre de *Campan*; et comme la chaleur l'avait liquéfié, elle l'avait placé sur une des fenêtres de l'auberge, pour le faire figer pendant la fraîcheur de l'orage. Un des volets extérieurs, poussé par un coup de vent, frappa contre ces pots, si violemment, qu'il les cassa, et fit répandre tout ce beurre le long du mur qu'il laissa, en coulant sur le pavé. Vous auriez ri de voir les chiens lécher, d'un côté, l'aubergiste ramasser avec une cuillère, de l'autre, ces flots

de beurre, mêlés aux balayures qui se trouvèrent
sur la voie ; et la bigotte d'enrager d'autant plus
que tout le monde sortit et lui rit au nez.
Je me gardai bien de toucher aux ragoûts qu'on
nous servit : il y avait trop à parier que le
beurre de *Campan* y était entré pour quelque
chose.

Nous devions à cette *mégère*,
D'avoir vu le ciel en colère ;
Mais sur elle il frappa les coups
Dont nous menaçait son courroux.
Il voulut bien frapper en père
Qui veut ménager ses enfans ;
Car, au lieu de finir nos ans,
Et de nous envoyer en terre,
Du beurre il ne fit que couler,
Au grand regret de la *harpie*
Que ce méchef qui l'humilie,
Grâces à Dieu, fit désoler.

Nous soupâmes avec deux dames d'A..., la
mère et la fille, qui allaient à *Bagnères-de-
Luchon*, et deux commis-voyageurs de commerce ; en tout neuf, cinq dames et quatre
messieurs. Nos deux porteurs de marmotte lor-
gnaient beaucoup les deux jeunes demoiselles de
la compagnie. Ils me parurent friands de faire

leur connaissance ; ainsi en jugeai-je par leurs fredons , leurs agaceries , et l'air de liberté qu'ils se donnaient auprès d'elles. Je ne portai pas sur leur éducation un jugement favorable. Leurs manières libres me donnèrent même sur leurs mœurs une désagréable prévention. J'en fis part aux mères qui jugèrent à propos de flanquer, chacune de son côté, le butin qui les alléchait. Je dis *flanquer* , et vous allez voir que le mot est *technique*. Elles placèrent leurs demoiselles à un côté de table où elles se mirent , l'une à la tête, l'autre à la queue, comme deux redoutes à opposer à l'ennemi. La vieille au beurre perdu , fut placée en avant, comme en sentinelle, ou mieux , comme le plus redoutable boulevard. Quoique sans défense du côté de la mâchoire , tout son individu n'en montrait pas moins les dents aux désirs les plus impétueux. Nous nous mîmes, M. S.... et moi, du côté opposé. J'avais, à ma gauche, les deux *olibrius* qui, se trouvant barrés de tous côtés , et n'ayant de libre que le champ de l'appétit, déchargèrent leur furie sur d'innocens poulets qui ne leur avaient jamais fait de mal, et qu'ils dévorèrent sans miséricorde.

Notre table présentait la journée des barricades, ou mieux , les camps des *caravanes*.

Au beau milieu sont les ballots,
Les femmes, les bêtes de charge.
Comme elles, nous tinmes le large,
Et nos lurons furent capots.

Nous nous arrêtâmes à Es......, le lendemain. Je m'en serais voulu toute ma vie, si, en passant, je n'avais été présenter mes hommages à la bonne vieille marquise d'A........., qui me veut tant de bien. Quoique octogénaire, elle a la gaîté et presque la légèreté d'une jeune personne. Oh, l'aimable vieille ! toute cœur, ses prévenances vous clouent chez elle, bon gré mal gré. Que d'aimables choses ne m'a-t-elle pas dit pour vous ! Je descends des montagnes pour vous les rendre, mon bon ami, et pour continuer à vivre auprès de vous, jusqu'à nouvel ordre.

191